LAS REGLAS

Escrito por
Jeffrey Pax

Ilustrado por
Robert Lenz

Traducido por
Heidie Decker

Para todos mis alumnos.

Gracias por hacerme el favor de poner
en práctica estas reglas.

SE AGRADABLE.

¿Cuál es este lugar tan concurrido
con tantas cosas que hacer y tanto que ver?
Hay multitud de cosas en las que se puede trabajar,
¡y hay mucha gente!

¿En qué lugar estás ahora?

¿Cómo pueden estar todas estas personas permanecer a salvo y también hacer equipo?

Es necesario tener algunas reglas.
Las reglas no impiden la diversión.
Sólo están para recordarnos **ser agradables.**

¿Tienes reglas en tu casa?
¿Cuáles son?
¿Cuáles reglas debemos tener en nuestra clase?

8

LAS REGLAS

→ Levanta la mano para hablar.

→ Se cuidadoso.

→ Manten las manos quietas.

9

Estamos juntos.
Tracee quiere hablar.

¿De qué manera puede ella pedir su turno?

¿Hablará ella, incluso cuando esten hablando otras personas?

¿Es eso agradable?

Nunca sabríamos a quién le toca.

¿Hablará ella todo el tiempo?

¿Es eso agradable?

El resto de la clase quiere su turno, también,
y a veces tenemos que quedarnos en silencio.

¿Se pondrá ella a gritar y chillar?

¿Es eso agradable?

Si todos gritan a la vez,
nadie podrá escucharse.

¿Y si Tracee levanta su mano
y ella espera su turno?

Entonces, todo el mundo puede escucharse,
y la mayoría de nosotros tendremos nuestro turno.

¿Está bien eso?

Levanta la mano para hablar.

Todo el mundo está trabajando.
Diego quiere unirse al trabajo también.

¿Cómo puede él trabajar y jugar
sin destruir nada ni hacerle daño a nadie?

¿Lanzará los juguetes pequeños
como cochecitos o bloques de juguete?

¿Es eso agradable?

Posiblemente el golpearía a alguien y le haría daño.

¿Arrancará las páginas
o dibujará él en las páginas de los libros?

¿Es eso agradable?

Si lo hiciese él, nadie podría leerlos.

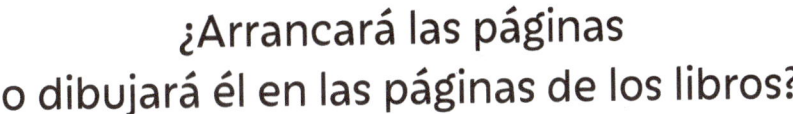

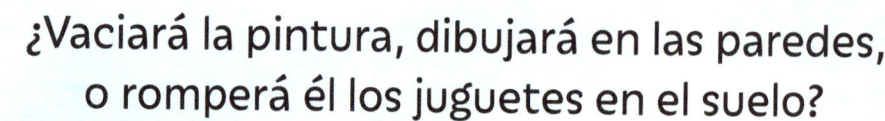

¿Vaciará la pintura, dibujará en las paredes,
o romperá él los juguetes en el suelo?

¿Es eso agradable?

Si él monta un gran lío, tendrá que limpiar mucho
y nadie podrá usar más todas esas cosas.

¿Y si Diego es cuidadoso con todo
cuando él trabaja y juega?

Todos tendrían la oportunidad de usar las cosas
sin hacerse daño o sin que se rompan.

¿Está bien eso?

Se cuidadoso.

Alguien está usando la misma cosa que Amy quiere.
Amy está enfadada.

¿Cómo puede Amy conseguir lo que quiere?

¿Cogerá ella cosas que no son suyas?

¿Es eso agradable?

Si todo el mundo roba,
ella no podrá mantener sus propias cosas.

¿Quitará ella algo de las manos de otra persona?

¿Es eso *agradable?*

Otra persona se lo quitará de sus manos.
Si continuamos quitando de otros, nadie podrá usarlos.

¿Pellizcará, golpeará, dará un tortazo, pateará,
o agarrará ella a otros cuando está enfadada?

¿Es eso agradable?

Si todo el mundo hace daño a otros,
tú también serás dañado.

¿Y si Amy quiere algo,
    ella dice, "Por favor, puedo usarlo cuando tú termines?"
    y después ella espera su turno?

    Y si cuando se enfadada Amy,
        ella se aparta del grupo sin tocar a nadie?

        Todos podrían compartir las cosas,
        y nadie será dañado.

        ¿Está bien eso?

Manten las manos quietas.

¿Hay otras maneras de mantenernos seguros
y para que nos llevemos bien?

¿Qué más podemos hacer para **ser agradables**?

A veces, es apropiado que hablen todos a la misma vez, por ejemplo, cuando estamos coloreando o jugando.

¿Cómo puede asegurarse Margaret de que todo el mundo puede escucharse el uno al otro?

Habla bajo.

A veces, vamos juntos a lugares y tenemos que tomar turnos.

Cuando es hora del recreo o tomar agua de la fuente,
¿cómo puede llegar Maya y toma su turno?

Manten la fila.

A veces, tenemos basura.

¿Cómo puede Hasan mantener limpia la clase?

Pon basura en el cubo.

A veces, tenemos que movernos.

¿Cómo puede Dwayne permitir que los otros continuen escuchando y prestando atención cuando se mueve?

Manten las manos, los pies, y las bocas en silencio.

¿Cómo sería si todos cumplieran las reglas?

Si levantamos las manos para hablar,
¿tendremos todos un turno
y nos escucharemos bien
los unos a los otros?

Sí.

Si somos cuidadosos,
¿ocurrirán menos accidentes?

Sí.

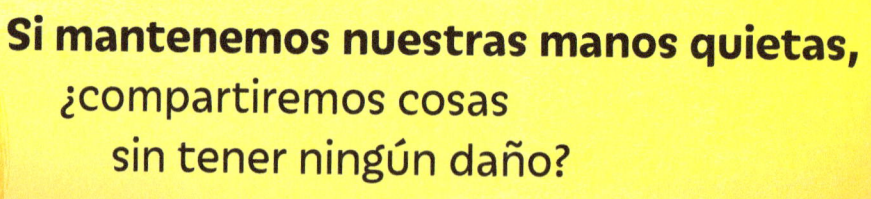

Si mantenemos nuestras manos quietas,
¿compartiremos cosas
sin tener ningún daño?

Sí.

LAS REGLAS

→ Levanta la mano para hablar.

→ Se cuidadoso.

→ Manten las manos quietas.

Esto es mucho para recordar. ¿Hay una manera más fácil? ¿Hay alguna cosa que podamos hacer para asegurarnos que siempre sigamos las reglas y para que nos llevemos bien entre nosotros.

*¿Cuál es **la cosa** que podemos tratar de hacer todo el tiempo?*

SE
AGRADABLE.

www.ingramcontent.com/pod-product-compliance
Lightning Source LLC
Chambersburg PA
CBHW041441120626
46547CB00002B/294